गुस्ताखी

सौरभ कुमार गौतम

मेरे माता-पिता को समर्पित जिनके बिना जीवन अकल्पनीय है

क्रम सूची

कवि की कलम से

अपने बारे में एक वाक्य में लिखूं तो भारतीय रेल के सिग्नल एवं दूरसंचार विभाग में कार्यरत सीनियर सेक्शन इंजीनियर हूं, इतना ही परिचय है मेरा । आज तक कुछ भी इतना विशिष्ट प्राप्त नहीं किया जिसकी गाथा गा सकूं , परंतु मैंने खुद ही एक शेर में लिखा है " **हर एक शख्स अपने आप में जहान है**"। इस नाते इस जहान का कुछ विवरण देना तो जरूरी है।

मैं पटना के आसपास पैदा हुआ और एक गुस्ताख हूं। हालांकि बचपन में मैं बिल्कुल सहमा हुआ सा बच्चा था, लेकिन धीरे-धीरे यह गुस्ताखी मेरे भीतर भरती चली गई। अगर आपके दादा एक अदद साइकिल की इच्छा लिए दुनिया से रुखसत हो जाएं और आपको कार चलानी हो तो गुस्ताख बनना ही पड़ता है । अगर आप अपनी जिंदगी के पुराने ढांचे से खुश नहीं हैं तो आपको गुस्ताख बनना पड़ता है । सरकारी विद्यालयों में पढ़कर भी आप अगर एक अच्छा जीवन चाहते हैं तो आपको गुस्ताखी करनी पड़ती है । भारत में पढ़ाई की जो प्रणाली है उसमें एक गरीब बच्चे को एक तरह से बड़े सपने देखने की इजाजत नहीं होती । कहते हैं की "मैकाले की शिक्षा पद्धति " का मूल भारतीय क्लर्क पैदा करना था । आज भारत में सरकारी विद्यालयों के द्वारा जो पढ़ाई हो रही है वहां से भी क्लर्क ही पैदा किये जा सकते हैं । अंग्रेजों के जमाने में भी कुछ लोग थे जो उस व्यवस्था में पढ़कर आगे जा रहे थे और आज भी इस व्यवस्था के अंदर लोग हैं जो व्यवस्था द्वारा निर्धारित सीमा से आगे जाएंगे, मैं भी इन्हीं गुस्ताख लोगों में से हूं।

बचपन से ही मुझे पढ़ाई के साथ-साथ अपनी भावनाओं को प्रकट करने की आदत रही। कभी निबंध , कभी भाषण, कभी कहानियां पर ज्यादातर कविताओं के माध्यम से मैंने अपनी भावनाओं को प्रकट किया । मुझे कविता से संबंधित नियमों का तो ज्यादा ज्ञान नहीं है लेकिन जो भी कविताएं पढ़ी ,जो भी गजलें सुनी, शेर सुने उन सब का भावनात्मक जुड़ाव मुझसे बहुत रहा ।

रचनाएं, चाहे वे रामधारी सिंह दिनकर जी की हो या मैथिली शरण गुप्त जी की हो या जावेद अख्तर साहब की हो,साहिर लुधियानवी साहब की हो , इन सब ने मुझे प्रेरित किया कि मैं अपने अंदर के विचारों को थोड़ा तरीके से पेश कर सकूं । हालांकि कविता की किताब प्रकाशित कराना मेरे हैसियत से ऊंचा ही लगता है । लेकिन जैसा मैंने ऊपर भी लिखा है , गुस्ताखी करना मुझे अच्छा लगता है और इसीलिए जब मैंने अपनी पहली कविता संग्रह प्रकाशित करने का निर्णय लिया तो उसे यह नाम दिया है **"गुस्ताखी "** ।

मुझे मेरे परिवार से मिले प्रोत्साहन के बिना इस कविता संग्रह का प्रकाशन संभव नहीं था। मेरे पिताजी को मैंने बचपन से ही अपनी कविताएं सुनाई है। जब स्कूल की पत्रिका में पहली बार मेरी एक कविता छपी थी तब से लेकर आज तक, जब भी मुझे कुछ अच्छा लगा, मैंने उन्हें हमेशा सुनाया । मेरी मां ज्यादा पढ़ी-लिखी नहीं है लेकिन मेरी कविताएं सुनती है । मेरी बहन और अब मेरा बेटा श्रेयश जिनके मुंह से मुझे अपनी कविताएं भी अच्छी लगती हैं। मेरी पत्नी भावना जो मेरी कई रचनाओं की प्रेरणा रही हैं और जिसने दोस्त और आलोचक के तौर पर भी मेरा साथ दिया है। इन सबके बिना कुछ भी संभव नहीं था।

इस संकलन में सभी भावनाओं की कविताएं और ग़ज़लें हैं। मैंने जीवन को जैसा देखा और महसूस किया ज्यों का त्यों उतारने की कोशिश की । इस उम्मीद से पाठकों के सामने लाया हूं कि वह भी कहीं ना कहीं इन भावनाओं से जुड़ाव महसूस करेंगे।

प्रस्तुत कविता संग्रह "गुस्ताखी" में सहृदय कवि मन ने जन्म से मृत्यु पर्यंत मानव जीवन के विभिन्न आयामों से रंग-बिरंगे कुसुमों को चुनकर मानवता रूपी धागे में पिरोया है । कर्म की प्रधानता से चलकर ध्रुव सत्य "जाना है" तक में व्यष्टि से समष्टि में विलय है । जीवन सरिता अनेकानेक उतार-चढ़ाव को सहर्ष पार करते हुए लक्ष्य की ओर अग्रसर है जिसका संकेत कवि के निम्न पंक्तियों से अभिव्यक्त होता है :-

" सच्चाई के पथ पे बढ

हे मानव ! तू संघर्ष कर"

- संघर्ष

"गुस्ताखी" शीर्षक से स्वभावतः जिज्ञासा एवं कौतुहल का भाव जागृत होता है जिसका केंद्र बिंदु निश्छल प्रेम है जिसका रस श्रृंगार है । इस रस के दोनों पहलू, विरह एवं मिलन की अभिव्यंजना में कवि हृदय का आर्त्तनाद झंकृत होता है । प्रणय के क्षण देश, काल, स्थिति इत्यादि सभी सीमाएं गौण पड़ जाती हैं । आंखों में बस एक ही छवि दृष्टिगत होती है । इसी के इर्द-गिर्द सभी आकांक्षाएं - अभिलाषाएं घूमती नजर आती हैं खासकर उनकी गजलों में ।

कवि संयोग-वियोग, सफलता- असफलता, आशा- निराशा जीवन के हर पड़ाव को स्पर्श करते हुए अंधकार पर विजय प्राप्त कर सुबह की नई उमंग का अभिलाषी है । जीवन में हर क्षण घटित छोटी-बड़ी घटनाओं से अभिप्रेरित उनकी रचनाओं में मानवीय संवेदनाएं कूट-कूट कर भरी हैं यथा प्रेम, वात्सल्य, ममत्व, करुणा, पीड़ा, संघर्ष, प्रतिकार इत्यादि। समसामयिक राजनीतिक, सामाजिक, पारिवारिक, वैक्तिक समस्याओं की ओर भी स्पष्ट संकेत है ।

पीड़ित ,शोषित, उपेक्षित वर्ग के प्रति महज सहानुभूति ही नहीं बल्कि अनीति और अन्याय का विरोध करने की प्रेरणा भी सम्मिलित है । वर्तमान समय की विकट समस्या पर तीखी चोट भी अपनी मधुर वाणी से करते हुए हौसला बुलंद रखते हैं जो समाज के लिए अनुकरणीय एवं प्रशंसनीय है । कवि ने जीवन के कटु - मधुर अनुभवों के साथ-साथ बाल मन की भावनाओं को भी हृदय स्पर्शी अभिव्यक्ति दी है :

"तुम वो बचपन हो जो मैंने जिया नहीं"

- बचपन

" अभी नींद आंखों में आती नहीं है,

अभी कुछ घड़ी मां मुझे जागने दो"

-बाल गीत

डॉ कुमारी नीलिमा
सेवानिवृत्त विभागाध्यक्ष, हिंदी विभाग
बीएसके कॉलेज बरहरवा
सिद्धू कान्हू यूनिवर्सिटी ,दुमका ,झारखंड

शीशे की तरह रोज दिल साफ नहीं करता
मैं जब तक भूल नहीं जाता माफ नहीं करता।

मेरे फैसलों से तुम्हारी नाराजगी मुनासिब है
मैं खुदा नहीं हूं, मैं इंसाफ नहीं करता।

संघर्ष

सच्चाई के पथ पे बढ़
हे मानव ! तू संघर्ष कर ।

सारे जहां में प्यार हो ,
पापों से मुक्त संसार हो ।
रहे न जग में कोई पापी,
स्वार्थों की ना हो आपाधापी ।
अमन की फुहार कर ,
नष्ट हर हथियार कर ।

हे मानव ! तू संघर्ष कर ।

न्याय त्याग मांगता है ,
हरिश्चंद्र की कथा तू जानता है ।
त्याग-तप से काम ले ,
हर दान करना ठान ले ।

निज तन दे और मन दे ,
सारा सुख और धन दे ।
कम पड़े यह भी अगर,
संशय न कर, जीवन भी दे ।

हर लोभ-मोह को त्याग कर
इतना ही बस ,तू स्मरण कर
हर्षित रहे सब चर अचर ।

हे मानव ! तू संघर्ष कर ।

अगर जग को कुछ दे जाएगा ,
तो नाम बड़ा तू पायेगा ।
इस लोक में ,उस लोक में ,
चारों तरफ त्रिलोक में
महान तू कहलाएगा ।

धरा जब विजन हो जाएगी ,
तब भी तेरा यश गाएगी,
मर कर भी तू होगा अमर ।

हे मानव ! तू संघर्ष कर ।

सवाल

कौन कहता है कि सड़कों पर तुम बवाल करो,

हुक्मरानों[1] से मगर लाजिमी[2] सवाल करो ।

अंधेरों से लड़ने का शौक रखते हो अगर,

दिल में हिम्मत हाथ में मशाल करो ।

हमने माना, पुरखे तुम्हारे बुजदिल थे बड़े ,

चैन आए , तुम ही अगर कमाल करो ।

जो भी करना है, अभी कर लेने का है वक्त सही ,

ये गलत है कि बाद में मलाल करो ।

उम्र भर की मुफलिसी[3] एक रोज में न जाएगी ,

कोशिशें सब्र से साल दर साल करो ।

बड़े मशरूफ और आराम तलब लगते हो ,

नजर घुमाओ, बच्चों का भी ख्याल करो ।

औरों के भरोसे जिंदगी कब तलक निबाहोगे ,

चांद मत बनो, आफताब सा जलाल [4] करो ।

----

[1] शासन चलाने वाला

[2] आवश्यक,

[3] गरीबी,

[4] प्रकाश

बाल गीत

अभी नींद आंखों में आती नहीं है,

अभी कुछ घड़ी, मां मुझे जागने दो।

नयी है ये दुनिया, नया है ये जीवन

नए हैं ये अनुभव, है हरसू नयापन।

अभी तो कदम में भी पहिए लगे हैं,

अभी कुछ घड़ी, मां मुझे भागने दो।

अभी नींद आंखों में आती नहीं है,

अभी कुछ घड़ी, मां मुझे जागने दो।

महीनों बदन को हिलाया नहीं था,

आंखों से कुछ देख पाया नहीं था।

एक ही अवस्था में मैं था हमेशा ,

ये लंबी शिथिलता मुझे त्यागने दो।

अभी नींद आंखों में आती नहीं है ,

अभी कुछ घड़ी, मां मुझे जागने दो ।

बहुत सी है बातें मुझे भी बतानी,

बहुत से हैं किस्से मुझे भी सुनाने ।

मुझे प्यार से जो हो लोरी सुनाती,

मेरी भी कविता मुझे रागने दो ।

अभी नींद आंखों में आती नहीं है,

अभी कुछ घड़ी, मां मुझे जागने दो ।

हमराज

किस तरह करूं शुरुआत परिचय क्या दूं !

तुम दोस्त हो, पत्नी हो

हमकदम - हमराज हो ,

मैं कविता हूं बिना लय की

तुम सुर हो, साज हो ।

मैं सूनापन हूं जीवन का,अपनी मूकता से जूझता ।

तुम खुशहाल बगिया हो ,

प्रेम की आवाज हो ।

सीमा से बंधा रहकर, हमेशा सोचता हूं मैं ।

अनंत-नभ के पार जाती,

कल्पना की परवाज हो।

हमारे रिश्ते की बुनावट से, मैं ही फायदे में हूं।

मैं थोड़ा सख्त -दिल हूं ,

तुम थोड़ी दिल-नवाज हो।

यह तय है हम जुदा हैं , सोच में, समझ में दुनियादारी की।

तुम खुश रंग जीने का,

एक मुख्तलिफ[1] अंदाज़ हो

कद में, हैसियत में या रुतबे में, मैं कोई शाह तो नहीं।

मिसाल -ए - इश्क जिसके मुनासिब हो

यकीनन तुम वही मुमताज हो।

----

[1] प्रेमपात्र ,   [2] अलग

मुख़्तसर सी बातें

बड़ी तकरीरें करता रहे कोई , बात वो बा-असर[1] होती है

जिसमें संजीदगी[2] का पुट हो , बात जो मुख़्तसर[3] होती है ।

अमीर दुआ दे तो फर्क नहीं पड़ता

गरीब की दुआ में असर होती है ।

जिंदगी में कहीं पहुंच जाने का गुमान[4] मत रखो

जिंदगी मुकाम होती ही नहीं, जिंदगी सफ़र होती है ।

कुछ मसले यूं भी होते हैं मोहब्बत के, जिसके इश्क में बदनाम हो तुम,

वो तुम्हारे जज्बात से बेखबर होती है ।

ये सारा खेल ही है वक्त और मुकद्दर का

जब तुम्हारे घर में रात है, कहीं पर सहर होती है ।

इन महफिलों को ही देख लो , बहुत दिनों तक बंद थी

मगर जब होती हैं, रात भर होती हैं।

जलन करते होंगे, हमारी खुशी से जलने वाले

हाल-ए- दिल जानने वाले पूछते हैं , कैसे बसर होती है !!

कौन किसको ढूंढता है घर में बैठकर !

तलाश जब भी होती है दर- ब -दर होती है।

---

[1]असर डालने वाला, [2] विचार या व्यवहार आदि की गंभीरता, [3]संक्षिप्त, [4]अभिमान

मोबाइल युग

अकेलेपन से, तन्हाई से डरने वालों

वो वक्त है कि तन्हाई मिलेगी नहीं

कोई चुपके से उसको चुराता है अभी

तुम्हारे पीछे से परछाई मिलेगी नहीं।

कलम न रहेंगे ,न कोरे पन्ने

न लिखावट उकेरी जाएगी ,यूं भी होगा

इस बोलकर ही लिखने वाली दुनिया में

बड़ी जल्दी ही लिखाई मिलेगी नहीं।

सभी तरह के इंसान अब गिरफ्त में है

सबने अपनी आजादी बेच दी ,आखिर

कोई अर्जी न मिली कोशिश -ए- जमानत की

अब सजा तय है रिहाई मिलेगी नहीं

मरीज हर तरह से इस दफा गिरफ्त में है

मर्ज पूरी तरह से सिर में दाखिल है

परहेज करना जब मुनासिब था

वो वक्त जा निकला , अब दवाई मिलेगी नहीं

खयाल -औ- परवाह के रिश्तों का वक्त खत्म हुआ

नया ये वर्चुअल जमाना है

मां की ममता मिलेगी बाइट्स में

असल की वफ़ा – आशनाई [1] नहीं मिलेगी नही

[1] मुहब्बत

कुछ साथ नहीं जाता

पहर -ए-शाम का बहाना तो कर जाती है

मुझे यकीन नहीं , वो सीधा घर जाती है ।

उसके जाने से भी तो , मैं तन्हा नहीं रहता , थोड़ा गम,

थोड़ी मायूसी,थोड़ा दर्द और उदासी दिल में भर जाती है ।

उदासी बस एक हाल नहीं है , कत्ल है कत्ल!

जब तुम उदास होते हो , खुशी मर जाती है ।

एक-एक दिन को एक-एक जिंदगी समझो

कई जिंदगियां एक दिन में गुजर जाती है ।

बुलंद इमारत से जो देखते हैं ,इंसानों को मकोड़ों की तरह

उनकी खुमारी भी नहीं रहती, जलजला आने पर उतर जाती है ।

बड़े जतन से समेटे हैं तमाम तोहफे मैंने , मौत के बाद कुछ साथ जाता है क्या !

क्या नहीं जाता ! सब यहीं रहता है, बस फ़ितरत की खबर जाती है !

कोई दे गया था मुझे एक किताब मुफ्त कहकर

ये बताया नहीं उसने, इसे पढ़ने में उमर जाती है ।

पलायन

हम शहरों में आते नहीं, जबरन लाए जाते हैं।

चिलचिलाती धूप में ,

हम अपना खून जलाते हैं।

आंखों के सपने भी लेकिन,

भाप बन उड़ जाते हैं।

दस व्यंजन हैं थाल में सबकी, हम नून- रोटी खाते हैं।

हम शहरों में आते नहीं, जबरन लाए जाते हैं।

बाढ़ ,सुखाड़ ,गर्मी ,सर्दी

महंगी हमको पड़ती है।

आधी जमीन तो बो डाली है,

आधी लेकिन परती है।

मौसम की हर मार झेलकर, हम हर फसल उगाते हैं।

हम शहरों में आते नहीं ,जबरन लाए जाते हैं।

होते हैं नाराज देव जब ,

पूंजी हमें नसीब नहीं ।

गेहूं दब गई ओले से,

बिन बारिश खरीफ नहीं ।

जब हम दूनी फसल उगाते, आधी कीमत पाते हैं ।

हम शहरों में आते नहीं जबरन लाए जाते हैं ।

साल भर मेहनत कर जब,

अपना पेट नहीं भरता ।

सब बच्चे स्कूल जा रहे,

अपना पिंटू नहीं पढ़ता ।

मेरे आंगन के कोमल फूल , जब बिना उग्र कुम्हलाते हैं

हम शहरों में आते नहीं जबरन लाए जाते हैं ।

सुना बड़ी तरक्की हो गई,

दुनिया पहुँची तारों पर ।

हमें भरोसा करना पड़ता

सच्चे-झूठे नारों पर ।

एक छत ,दो रोटी के वादे अब भी हमें लुभाते हैं ।

हम शहरों में आते नहीं जबरन लाए जाते हैं ।

आशिक का दर्द

हर एक पल, मैं आजकल, उसी को सोचता हूं।
मैं जलता हूं उससे , वो पसंद भी है ।

वो जो लहराती है मलमल का दुपट्टा यारों
वो नर्म छांव है ,वही गले की फंद भी है ।

कभी तो सीधी समझ आती है ,कहानी सी
कभी बल खाती है ऐसे, वो कोई छंद भी है ।

मैं देखता रहता हूं, हर रोज इस तमाशे को
दिल नहीं भरता, दिल नजरबंद भी है ।

बड़े अरसे से उससे बात करना चाहता हूं
मैं थक गया हूं ,हौसला बुलंद भी है ।

न फोन ही करती है और न घर का पता देती है

वो हसीन तो है लेकिन अकलमंद भी है।

जब भी झाँका है उसकी आंखों में, समझ आया है

खुले हैं दिल के द्वार, और पलकें बंद भी हैं।

रस्म ए वफा

मैं लिखता आप हूं और आप ही पढ़ता भी जाता हूं।
तेरी यादों के आने से मुसलसल[1] मुस्कुराता हूं।

तू मुझसे छिन गई ,लेकिन तेरी यादें तो मेरी हैं
संभल कर जी रहा हूं मैं , इन्हें सबसे छुपाता हूं।

कोई पूछे तो कह देता हूं गम है रोजगारी[2] के
ना तेरा नाम लेता हूं , ना बारे ही बताता हूं।

बहुत आसान थी रुसवाई[3] तेरी, मेरा मरना मोहब्बत में
बहुत मुश्किल है ये रस्म -ए -वफा जो मैं निभाता हूं।

जो तुझ में नाज़[4] ना होती तो तुझे अफसाना[5] लिख देता
मगर तू गीत है, जिसको अकेला गुनगुनाता हूं।

गुनाह -ए- इश्क

गुनाह –ए- इश्क के हम भी गुनहगार पाए गए।
सब्र जाता रहा बेहद बेकरार पाए गए।

उनकी ख़ूबसूरती का तो कोई जुर्म ही न था
हम देखते रहे और क़सूरवार पाए गए।

मेरी नजरें कैद हों जैसे उनकी निगाहों में
कसम से, ऐसी हालत में पहली बार पाए गए।

उनकी गली गए ,उनको ही देखना था
उनसे नजर मिली, हम शर्मसार पाए गए।

वो जान-ए- महफिल हैं सारी महफ़िल दीवानी है,
उनकी वफा के हम भी उम्मीदवार पाए गए।

उनकी तलब थी और बस उनको ही देखा था
मगर महफिल से लौटे तो बा-खुमार पाए गए।

दिल , जख्म और आशिकी

आईने भी कमबख़्त दग़ा देते हैं,
मैं खड़ा हूं और उसका पता देते हैं।

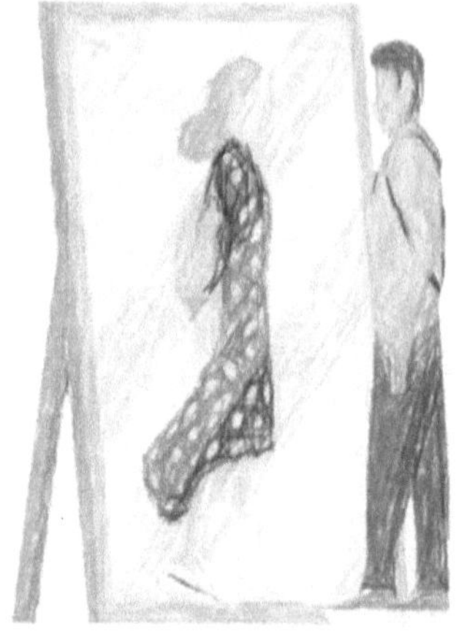

पुराने जख़्म भूल कर जब संभलता हूं,
पहली फुर्सत में वो घाव नया देते हैं।

एक फ़ेहरिस्त[1] हैं उनके किए खताओं की ,
मैं जो पढ़ता हूं वो मुस्कुरा देते हैं।

आग सीने में लगी थी, बढ़ी जाती है
बुझाते नहीं, वो और हवा देते हैं।

ये सितम और है कि ज़ुल्म भी करते हैं और
मुझ में ही एहसास -ए- जुर्म जगा देते हैं।

इश्क मुझसे नहीं है, कहते सुना था उनको
वो इशारे मुझे क्या खामखा[2] देते हैं !

पूछना था इश्क का हिसाब उनसे
नजर मिलाते हैं, वो होश भुला देते हैं ।

----

[1]सूची, [2]बिना कारण

मेरे पिता

कभी सोचता हूं कि क्या होता ? अगर मैं आपकी जगह होता !

इमारत-ए- जिंदगी किस तरह बनती ? नींव आप सा न मिला होता !

मुझे तो ख़ौफ़ होता है अभी ,नदी की लहरों से,

हवा जब तेज बहती है अभी तक दुबक जाता हूं।

कोई तूफान में कश्ती भला कैसे चलाता है ?

उसके हौसले सदक़े, मैं अपना सर झुकाता हूं।

जिसकी लहरों से लड़ते आपने जीवन गुजारा है

उस सागर किनारे भी न मैं गया होता।

कभी सोचता हूं कि क्या होता ? अगर मैं आपकी जगह होता !

इतनी उलझन में भी कैसे मुस्कुराते हो ?

गम होता नहीं आपको या बस कम जताते हो !

कहते हो आप मुझसे दुनिया भर के अफ़साने ,

मगर जो बात कहनी है वही कम बताते हो ।

सालों से जो गम पीकर आप उफ्फ तक नहीं करते

मैं उनको पी रहा होता तो अब तक जल गया होता ।

कभी सोचता हूं कि क्या होता? अगर मैं आपकी जगह होता !

मुड़कर देखते रहते हो, जब चलते हो आगे भी

आपको खींचते रहते हैं रिश्तों के धागे भी

आपने बुढ़ापा - बचपना दोनों निभाया है

शायद इसीलिए नींद में रहते हो जागे भी ।

ज़ेहन से बात हर दिन और ये मजबूत होती है

न मैं आप सा बेटा, न आप सा पिता होता ।

कभी सोचता हूं कि क्या होता ? अगर मैं आपकी जगह होता !

जुदाई

आसमान का दिल भी भर आया आज

साथ मेरे रो रही खुदाई है

एक पल भी तो तन्हा नहीं छोड़ा तुझको

किस्मत में मेरी क्यों भला जुदाई है ?

छाए हैं काले बादल

बूंदों का जोर है

बैठे हैं बंद कमरे में

धड़कन का शोर है

दस्तक हुई कोई

दिल पर या द्वार पर , आ रही है तू या कोई और है ?

फट जाए ना ये बादल
सबको भिगो ना दे
ये साथ मेरे रो कर
सारा शहर डुबो ना दें

घर पर ही छुप कर रहना,बाहर निकल ना आना

दिल पर है छाई बदलियां

बारिश का दौर है

बैठे हैं टूट कर

फिर भी तेरा ख्याल है

जाने क्यों मेरे दिल का ऐसा ही हाल है ?

हो बेवफा जो तू

अपना गुनाह क्या

मैंने जमाने से

यूं ही वफा निभाई है

एक पल भी तो तन्हा नहीं छोड़ा तुझको,

किस्मत में मेरी क्यों भला जुदाई है !

साथ

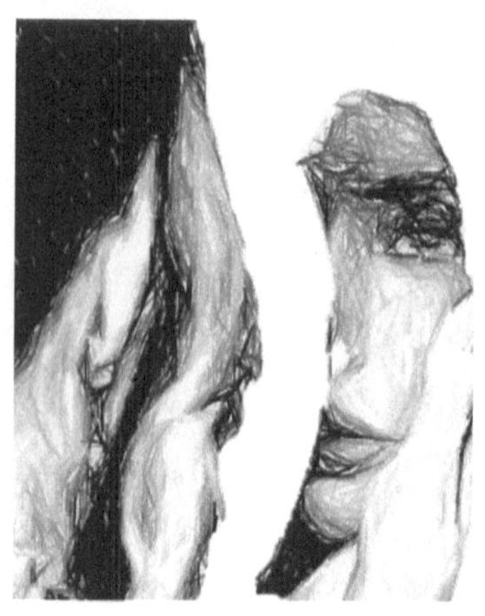

इतने अरसे हुए साथ छूटे हुए ,

मुझ में शामिल रहा छूटते- छूटते

तेरी आंखों में अब भी चमकती है वो ,

आइना कह गया टूटते- टूटते ।

तेरी आंखों से पीने की आदत रही

तेरी चौखट पे जीने की आदत रही

देख तुझको बरबस बहकते रहे

इश्क के ही नशे में चहकते रहे

तेरे दर से उठे तो मैकद में थे

हाल क्या कर दिया रूठते- रूठते ।

तेरी आंखों में अब भी चमकती है वो , आइना कह गया टूटते- टूटते ।

वो हंसे तो दिल हमने ख़िदमत किया

वो चले तो पलकें बिछाने लगे

कुछ इस तरह दिल उसने आहत किया

अपने साए से नजरें चुराने लगे

दिल-ओ -जां तलक तो फिर ठीक था

रूह भी ले गए लूटते -लूटते

तेरी आंखों में अब भी चमकती है वो ,

आइना कह गया टूटते- टूटते ।

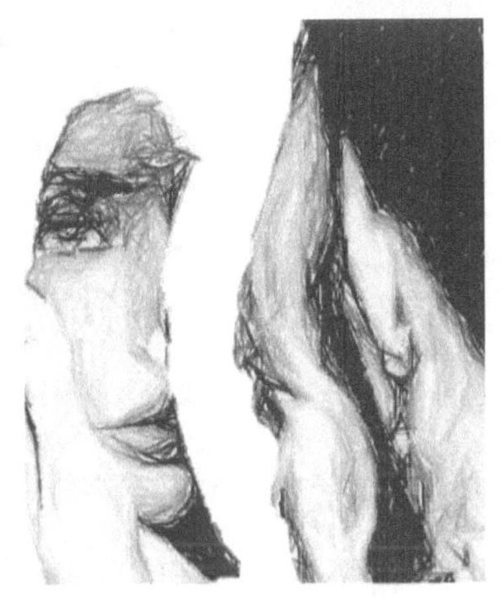

जो जाने को थे वो चले ही गए

उनका होना मुखातिब जरूरी है क्या ?

जिंदगी बिन तमाशे नए

क्यों गुजरती नहीं ? अधूरी है क्या !

हरसू मुझे मुंह चिढ़ाती रही

फूटी किस्मत मेरी फूटते -फूटते

तेरी आंखों में अब भी चमकती है वो आइना कह गया टूटते -टूटते ।

दोस्त

लोग कहते हैं भूलना मेरी फ़ितरत है

मगर याद है, मुझे वह पीली फ्रॉक ,

एवान की साइकिल लड़कों वाली,

उड़ाना जुल्फ की लटों को फूंक मार कर,

पकड़ना उछलकर ऊंचे पेड़ों की डाली ।

मुझे मेरी जिंदगी में मिला पहला कार्ड याद है

याद है क्या लिखा था उस पर!

उसके अंदर रखा लाल गुलाब,

जिसमें पहली बार तुमने मेरा नाम लिखा

अंग्रेजी व्याकरण की वह किताब याद है ।

मुझसे बात करने वाली वह पहली लड़की याद है

कहां भूला उसे मैं , कब भूला उसे समय मैं ?

जिसे दोस्त कह सकता हूं वो पहली लड़की याद है ।

वह पहली दफा कंप्यूटर की पढ़ाई

जिसके नोट्स मैंने तुम्हारे नोटबुक से कॉपी किए थे ।

तुम्हारे नोटबुक में पीले रंग के रेखांकन

जो अब लगता है हाइलाइटर से नहीं, स्केच पेन से किए थे ।

बनेगा कौन करोड़पति ? यह पता नहीं,

पर तुम्हारे पूछे हुए हर सवाल,

तुम्हारे पसंदीदा स्मॉल वंडर,

विक्की' के किए हुए हर कमाल याद है ।

मेरे मन में गूंजती रहती है,

अब भी वो प्रार्थना स्कूल की,

जो पूरे साल तक हमने कराई थी ।

उसके बाद मेरा चुपके से,

हिंदी का अखबार ले लेना

और बड़े विश्वास से तुम्हारा अंग्रेजी पढ़ना याद है ।

आज भी महसूस करता हूं वो झुंझलाहट

जो तुम्हारे देर से आने से होती थी।

मेरा कुछ ना कहना मुंह बनाकर बैठ जाना

तुम्हारा यूं दिखाना जैसे सब कुछ ठीक है,

तुम्हारा सब समझ कर धीमे-धीमे मुस्कुराना।

मैं कैदी था अपनी पहचान का , छवि बचाता था

जाहिर कर नहीं सकता था अपना जुनून,

जब मैं रास्ते को घूरता चुपचाप कुढ़ता था,

तुम्हारी आगवानी में वो लड़कों का हुजूम याद है।

और फिर आहिस्ता-आहिस्ता बढ़ते हुए फासले

स्कूल का वह आखरी दिन जब तुम नहीं आई,

मैं आया था तुमसे अलविदा कहने

मिलते रहेंगे आगे भी , कहना चाहता था,

मैं आया था झूठा वादा और सच्ची दुआ कहने।

परीक्षाफल निकलने पर बधाई के बहाने ,

मिला थोड़ी देर और थोडा मुस्कुराया था,

सच कहूं ,तुम्हारी दहलीज़ पर उस दिन

मैं अपने भोले दिल का एक हिस्सा छोड़ आया था ।

तुमसे बात हो सकती है लेकिन क्या फायदा!

मैं देख लेता हूं तस्वीर तुम्हारी, दे देता हूं तुमको दुआएं।

पूरे साल में दो संदेश भेजें जाते हैं फेसबुक से,

परस्पर जन्मदिन पर दोनों की सदाएं।

इतना ही कहना था, मुझे भूला कहने वालों से,

तुम्हारे फेसबुक पर गलत है तुम्हारा जन्मदिन,

बीसों बरस गुजर गए , हजारों लोग मिले- बिछड़ गए,

मगर फिर भी ,अभी तक मुझे तुम्हारा जन्मदिन याद है ।

कहां भूला उसे मैं ? कब भूला उसे मैं?

जिसे मैं दोस्त कह सकता हूं, वो पहली लड़की याद है ।

मसला

मचल गया था जो दिल ,आज भी संभला नहीं है

तुम ही मसला हो और कोई मसला नहीं है ।

पीते- पीते हमने समंदर खाली कर डाला

मयकशी का दौर , ये पहला नहीं है ।

तुम्हारी फिक्र ने बालों की सफेदी कर दी

तुम्हारे सर का एक केश भी उजला नहीं है ।

मेरी आंखों ने तुम्हें देखा, तुम में डूब गए

वो जम गया था जो पल, आज भी पिघला नहीं है।

तुम्हें ही देखा है, जब भी देखा है बंद आंखों से

जेहन में ख्वाब कोई और तो पला नहीं है।

सवाल बदल डालो

हर रोज एक ही सवाल पूछती हो

और वही जवाब देता हूं

कोई और जवाब चाहती हो

तो सवाल बदल डालो ।

अगर सोचती हो कि मैं तुम्हें भूल जाऊंगा ,

बेकार सोच है

अपने ज़ेहन से यह ख्याल बदल डालो ।

कोई खुशबू है जो महकती रहती है

तुम्हारे जाने के बाद भी,

शायद तुम्हारे गिरे हुए रुमाल से आती होगी!

इसी खुशबू से कई दिल भी खिंचे आते हैं बरबस

मेरा मशविरा है कि तुम अपना रुमाल बदल डालो ।

मेरे चेहरे की जो हालत है

दिल की और भी बदतर है हुजूर

बेतरतीब बाल, उड़ा हुआ रंग

आंखों में इश्क का सुरूर

मुझसे बेवजह कोई जिरह न करो , ना तसल्ली ही दो

आ जाओ जिंदगी में और ये हाल बदल डालो ।

किस्से सुनाए जाते हैं रोमियो -जूलियट के ,

हीर-रांझा ,लैला-मजनू के

तमाम किस्से अधूरी मोहब्बत के सुनाए जाते हैं ।

मिलो यूं के ना जुदा हो

खुदाई खत्म होने तक

प्यार करने वालों के लिए प्यार की मिसाल बदल डालो ।

बचपन

तुम वो बचपन हो जो मैंने जिया नहीं

ये गुड्डे, ये गुड़िया ,ये भालू ,ये चुहिया

बैटरी पे दौड़ते तुम्हारे खिलौने

फुदकता खरगोश , गाती चिड़िया

ये वो सपने हैं जिन्हें आंखों में मैंने लिया नहीं ।

तुम वो बचपन हो जो मैंने जिया नहीं ।

तुम्हारे खिलौनों की है फजीहत

कई हाथ टूटे, कई सर है गायब

जो गाते थे कल , आज गूंगे पड़े हैं

जो कल दौड़ते थे,टेढ़े खड़े हैं

ना पाए कभी और न तोड़े खिलौने

तुम वो शरारत हो जो मैंने किया नहीं ।

तुम वो बचपन हो जो मैंने जिया नहीं ।

भीगा बदन ,लथपथ पसीना

जलाता हुआ जून का महीना

फटी कमीज़ ,टूटे चप्पल

भरी दुपहरी भटकते बेकल

बेचैन दिन, तड़पती रातें

मेरे लड़कपन की है सारी बातें

इल्म तुमको, जिसका मैंने दिया नहीं ।

तुम वो बचपन हो जो मैंने जिया नहीं ।

हकीकत

कोई मुफ्त में एहसान दे देगा
हक नहीं देगा
ला कर तुम्हारी हथेली पर
रख नहीं देगा ।

तुम्हारे अंदर की आग को पहचानता हो तो,
दे भी सकता है
जो बुझा हुआ जान गया तो,
बेशक नहीं देगा ।

तुम्हें इल्म तो सिखा देंगे ,
बहुतेरे उस्ताद
कोई बुलंदी तक जाने की ,
सनक नहीं देगा ।

जो आग अंदर से निकलती है
आंखों से बयां होती है
कोई बाहर से लाकर
तुम्हें हनक[1] नहीं देगा ।

दरवाजे पर ही खड़ा कर देंगे,
सिपाही उसके
किसी गरीब को अमीर,
अपने घर की झलक नहीं देगा।

मरने के बाद क्या होगा ?
किसे पूछूं ?
जब तक जिंदा हूं ,
रहने को खुदा फलक² नहीं देगा।

----

¹असर, ²आकाश

भारत के नौजवान

हम भारत के नौजवान, अतुल अमिट इतिहास लिखेंगे ।

अपने अंतर्मन के प्रकाश से ,अंधकार का नाश लिखेंगे ।

भारत के जन-मन को , ग्रसित कर रहे कई विकार

बहुत सुन लिए रूदन हमने , बहुत हो चुका चित्कार

मायूसी से सूखे अधरों पर, खुशी और उल्लास लिखेंगे ।

हम भारत के नौजवान, अतुल अमिट इतिहास लिखेंगे ।

पिंजरे का जीवन, मृत्यु से भी दुखकर है

कैद में तुमको रखने वाला कभी न सोचो हितकर है

उड़ने निकले हर पंछी को, संभावना का आकाश लिखेंगे।

हम भारत के नौजवान, अतुल अमिट इतिहास लिखेंगे।

सदियों से होता आया है सत्य - न्याय का इम्तिहान

हमें अब मिलकर करना होगा असत्य-अन्याय का अवसान

अब राम पर आँच नहीं आएगी रावण को वनवास लिखेंगे।

हम भारत के नौजवान, अतुल अमिट इतिहास लिखेंगे।

फलसफा

घाव भरते रहेंगे, चोटों के लिए मरहम रखो

दवा करो हर मर्ज की , हरे मत जख्म रखो ।

कोई दीन , कोई मत , कोई मजहब हो

पहले इंसान बने रहने की कसम रखो ।

बहुत बारीक सी सीमा है ख्वाब और ज़रूरत की

ख्वाब देखो मगर ज़रूरतें कम रखो ।

तुम्हें रोकेंगी जमाने भर की मुश्किलें

वक्त जैसा भी हो, खुशनसीबी का भरम रखो ।

बदल डालती हैं, अक्सर दुनिया की दुश्वारियां

वजूद जिंदा रहे इतना तो अहम रखो ।

मुश्किलें ही बयां करती हैं, रिश्तों की हकीकत बेशक

खुशी बांटो गैरों में ,अपनों के लिए गम रखो ।

देखती रहती है ये दुनिया , तौर तरीके अपने

लड़खड़ाया ना करो, शान से कदम रखो ।

भूल जाएं क्या

खुलते हैं दरवाजे अब महलों के भी हमारे लिए

तो हम,घर को भूल जाएं क्या!!

दरख्त पर निकलेंगी कई शाखाएं , वक्त के साथ

तो क्या ? वो जड़ को भूल जाए क्या!!

छपते हैं इश्तिहार भी अखबारों में , ये पता है हमें

तो बस इश्तिहार ही देखें ! खबर को भूल जाएं क्या!!

दोपहर की धूप में जो घर में हैं , उनकी कोई गिनती नहीं

पांव जिनके जल रहे हम वो बटोही , हम शजर[1] को भूल जाएं क्या!!

मंजिलें हासिल सही मेरे उम्र भर की चाल का

जिसने पर चलना सिखाया, उस सफर को भूल जाएं क्या!!

इंसान पहचाने गए अक्ल से, हुनर से ,जज्बात से, युगों पहले जो लड़ा
हस्ती बचाने के लिए, अपने अंदर उस जानवर को भूल जाएं क्या!!

----

¹पेड़

वादियां

दिल जो गा रहा है गा रही हैं वादियां

कोई तराना आज गुनगुना रही हैं वादियां ।

इन वादियों को देख मुसाफिर भी थम गए,

जो तेज चल रहे थे वो कदम भी जम गए,

फूलों की तरह आज मुस्कुरा रही हैं वादियां ।

दिल जो गा रहा है गा रही हैं वादियां ।

रात के कानों में कल झींगुरों का शोर था,

दोपहर को भागते हिरणों का दौर था,

चिड़ियों के साथ सुबह, चहचहा रही हैं वादियां ।

दिल जो गा रहा है गा रही हैं वादियां ।

कोई नदी नहीं यहां , जो संभल कर चले,

जैसे नगर में शोर मचाते हों मनचले ,

नदियों का गीत जोर से दोहरा रही हैं वादियां ।

दिल जो गा रहा है गा रही हैं वादियां ।

वापस चले जो हम , तो ये लताएं बांध लें,

कोई जुगत मिले तो ये हवाएं साथ लें,

लाचारगी पे मेरे, मुंह चिढ़ा रही हैं वादियां ।

दिल जो गा रहा है गा रही हैं वादियां ।

इच्छाओं का बोझ

अपनी इच्छाओं की बोझ से, दबे हुए हम ।

चीखते , चिल्लाते

बात-बात पर

रूठते- झल्लाते

अपनी सामर्थ्य से अधिक, सपने बुनते

फिर असफल हो जाने पर

किंचित विमूढ़ से,

कारण गुनते

एक अस्पष्ट -अंधी दौड़ में भीड़ के संग ,

दौड़ लगाते

फिर हार जाने पर,

हताशा में,

दूसरों को गिराते

अपनी आकांक्षाओं के किले में

तड़प कर दम तोड़ते हुए हम ।

अपनी इच्छाओं के बोझ से दबे हुए हम ।

देश महान

कब कह सकते देश महान ?

तब कह सकते देश महान !

जब खुशहाली चारों ओर

जब हरियाली चारों ओर

हंसता- खेलता घर- आंगन

फूलों से महके उपवन ।

पूरे हो सारे सपने

गैर भी जब लगे अपने

हर कली , सुगंधित पुष्प बने

जब अर्थ पा जाए हर जीवन ।

जब, हर बेड़ी टूट रहे

एकता का एक बंधन

रेल के डिब्बों ने जैसे

पकड़ा एक दूजे का दामन ।

दासता याद दिलाने वाली

जब भाषा ना बोली जाए

जब अखिल हिंद , हिंदी को,

हृदय से अपने कर ले वंदन ।

जब एक समान हो मौके,

उन्नति सारा देश करे

युवाओं का हौसला ,

नभ का जब कर ले चुम्बन ।

हर नर नारी का विश्वास

जब छूता हो नीला आकाश

विश्व पटल पर भारत का

होने लगे जब गुणगान ।

तब कह सकते देश महान
तब कह सकते देश महान ।

पुलवामा के बाद

हे समर्थ सपूत श्यामल धरा के

हे वीर बहादुर वसुंधरा के

दुश्मन दुस्साहस दिखा चुका है ।

निमित्त नाश के, नाहक अपने

रण में तुमको बुला चुका है ,

हे !परम पूज्य, पावन धरती के

प्रहरी! अब प्रस्थान करो ।

जो कर करुणा करती कल्याण

उस माता के पय का सम्मान करो ,

अब वक्त आ गया है इसका

हर वीर वो शौर्य दिखाता जाए

शत शत सहस्राब्दियों तक

जिसकी अखिल मानवता गाथा गए   ।

ख्वाहिश

जिन्हें उड़ना नहीं आता, उन्हें आसमान चाहिए
शिखर तक जा पहुंचना है और रास्ते आसान चाहिए।

ज्यादा होशियारी भी कई बंदिश लगाती है
जब कुछ कर गुजरना हो हौसला- ए -नादान चाहिए।

बहुत कुछ है मेरे पास ,कुछ और चाहिए ,लेकिन
जहां पर उम्र बिकती हो पहले वो दुकान चाहिए ।

वो कायल थे, एक वक्त पर मेरी साफगोई के
मगर साथी उन्हें आजकल बेजुबान चाहिए।

सहेजेंगे कभी किस्सों को अपनी अलमारी में

अभी तो सर छुपाने को एक मकान चाहिए ।

महफिल में मिलो सबसे, जिनसे मिलना जरूरी हो

कभी खुद से जो मिलना हो, घर वीरान चाहिए ।

बना लो मकान और फैक्ट्रियां तुम सारी जमीनों पर

कभी जब भूख लग जाए तो मत कहना किसान चाहिए ।

तुमको भी पता था

मैं तुम्हें देखते ही, तुम पर मरा था ,तुमको भी पता था

हाल मेरे दिल का बुरा था , तुमको भी पता था।

निगाहें चुराते थे जब जमाने से हम,

पलकों के नीचे किसका चेहरा छुपा था ? तुमको भी पता था।

मोहब्बत छुपा लेते हैं आराम से अनुभवी,

मेरा तजुर्बा नया-नया था , तुमको भी पता था।

तुम्हारे चले जाने के बाद भी मैं वहां से जा नहीं पाया

मैं घंटो उसी जगह खड़ा था, तुमको भी पता था।

तुम्हारे शौक जो भी हों, वो सारे पूरे हों

मेरा ये शग़ल[1] अलहदा था , तुमको भी पता था।

किसी दौलत, किसी ताकत को जो करता नहीं सिजदा

वो सर तुम्हारे सामने झुका था , तुमको भी पता था ।

----

[1]वह काम जो मन बहलाने के लिये किया जाय

गुमां

तेरी बेवफाई का मुझे कुछ गुमां[1] तो था
मेरे सिवा तू हर एक पर मेहरबां तो था ।

और कौन-कौन था शामिल मेरी तबाही में पता चल जाएगा
इतना मगर तय है मेरा पासबां[2] तो था ।

यह चांद उस दिन था फलक[3] पर या नहीं ,याद नहीं
जिस रोज हम मिले थे यह आसमां तो था ।

हमारी खुशी को देख कर कितने दिल जले ? क्या खबर!
जिस रास्ते से हम चले कुछ धुंआ -धुंआ तो था ।

----

[1]संदेह, [2]रक्षक, [3]आकाश

बदलाव

हमारी शख्सियत में अब पहले सा कुछ भी नहीं
बदल जाती है रौनक -ए - बाग हर बरसात के बाद

तुम मिले थे तो कुछ और था, आज कुछ और हूं
आहिस्ता- आहिस्ता बदल गया तुमसे मुलाकात के बाद

इश्क ही इश्क है, जिसे हर रोज जी रहा हूं मैं
दिल में कुछ और समाता नहीं, इस जज्बात के बाद

नजर मिलाते ही जिसने हमारा दिल लूटा
वह मुजरिम ना मिला उस वारदात के बाद

तुम ही जीतोगे इस खेल में जानता हूं मैं
यह खेल खत्म ही होगा, हमारी मात के बाद।

वज़ूद

उसने मुझसे क्या कहा ? क्या किया?

इसी परवाह में तू एक भी लम्हा न जिया ।

जिसे तू जिंदगी कहकर निभाता आया है

उसे तेरे होने की भनक ही नहीं,

तू वो है जो औरों के इशारों पर है

तुझे अपनी राह बनाने की सनक ही नहीं ।

शोर में गुम सी गई आवाज है तू,

तेरा कोई अलहदा वज़ूद नहीं,

या तो उलाहने से डरता है

या कुछ अपना सुनाने को ही मौजूद नहीं ।

तेरे जैसे ही होते हैं और लोग, अक्सर

जो अपना नाम बनाने से चूक जाते हैं,

शोर मचाते हैं पर कुछ कहते नहीं,

रोते आते हैं मूक जाते हैं।

हर एक जिंदगी अपनी जगह मुकम्मल है,

हर एक शख़्स अपने आप में जहान है,

तूने खुद को समेट रखा है,

तू जो फैले तो पूरा आसमान है।

अपनी जिंदगी को खुद ही बनाने वाले

अपने हाथों से इतिहास बना जाते हैं,

मिलते हैं सबको गिनती के लम्हे

अपने लम्हों को वो खास बना जाते हैं।

उसने मुझसे क्या कहा? क्या किया?

बेकार बात थी! मैंने उसे जाने दिया।

 अखबार

मशविरा और कोई चाहे मेरे यार न ले
      तुझे कसम है मेरी, हाथ में अखबार न ले ।

दिल्लगी ही करनी है तो कोई किताब उठा
      दरख्तों को काटकर घर में कबाड़ ना ले ।

एक कोने में दुबकी होंगी ख़बरें अहमियत की
      बिला- वजह किसी राई के पहाड़ तले ।

पूरे पन्ने की तस्वीर होगी मोहतरमा की, ऊपर
      कहीं अंदर छोटे में लिखा होगा पचास गांव जले ।

अखबार

पैसा सिर्फ पैसा है ईमान खबर वालों का ,
        दुआ गरीब की चाहे मिले या ना मिले ।

वो वक्त और था कलम जुल्मों सितम से लड़ती थी
        आज बस फ़िक्र में रहती है, कैसे कारोबार चले ?

फ़र्क

फर्क इतना ही है दोनों की मोहब्बत में
तुम पर्दे में हो मैं जाहिर हूं।
वक्त हो चला है मुलाकात का अपने
तुम उलझनों में हो , मैं हाजिर हूं।

तुमको यकीन है उस खुदा के करिश्मे पर,
तुम सिजदा करती हो!
मैने तुमको ही अपना खुदा मान लिया है
मैं जमाने के लिए काफिर हूं।

तुम चमकती रहती हो ,तुम्हें देखकर
मैं भी चमकता रहता हूं,
तुम तेज हो सूरज का, मैं चांद हूं
तुम्हारी रोशनी से मुतासिर हूं।

तुम्हारी उलझनें जाहिर हो जाती हैं
तुम्हारी झिझक से , शर्म से
मैं मुस्कुरा कर उड़ा देता हूं अपनी दुश्वारियां
तुम ना तजुर्बा हो, मैं माहिर हूं।

तुम्हें सोचना पसंद है आने वाले कल के बारे में
बनाना घरोंदे और उनको सजाना
मुझे पसंद है तुम्हारे सपनों को हकीकत करना
तुम ख़्वाब देखती हो मैं साहिर हूं।

मुतासिर -प्रभावित

साहिर- जिसे नींद ना आए

यादें

छोटी-छोटी तेरी बात न जाती है मेरे दिल से

भूली- भूली कोई याद न जाती है मेरे दिल से

दोपहर की धूप में, मैं ढूंढता हूं बहारें

दिल की इन गहराईयों से, कोई है जो पुकारे

चीड़ कर बादल का सीना आएंगी फिर फुहारें

भीगी- भीगी बरसात न जाती है मेरे दिल से

भूली- भूली कोई याद न जाती है मेरे दिल से

इस जमाने के बंधनो को तोड़ डाले वो ऐसे

पानी के कुछ बेवजह से ,बुलबुले हो वो जैसे

भूलना चाहे अगर कोई, भूल पाए तुझे कैसे

मनचली तू बे-खबर आजाद, न जाती है मेरे दिल से

भूली- भूली कोई याद न जाती है मेरे दिल से

भागता फिरता हूं मैं अब, देख कर परछाइयां

साथ जो तू ना है मेरे, साथ है तनहाइयां

यों सही जाएगी अब ना प्यार में रुसवाईयां

अनकही फ़रियाद , न जाती है मेरे दिल से

भूली- भूली कोई याद न जाती है मेरे दिल से

छोटी-छोटी तेरी बात न जाती है, मेरे दिल से

भूली -भूली कोई याद न जाती है मेरे दिल से

गज़ल

मिली हैं लानतें, तोहमत भी बेहिसाब मिले

मैं शेर पढ़ता हूँ, पहले मेरी किताब मिले

घड़ी नयी है तुम्हारी ये अब मैं जान गया

कभी मुझे भी , मिरे वक़्त का हिसाब मिले

बड़े समय से तआरुफ है दो दिलों का मगर

ये कब हुआ तिरी, आँखों में मेरे ख़्वाब मिले

मुझे ख़ुशी न मिली और गम भी झेल गया

फ़िज़ूल दोस्त थे, दुश्मन भी तो ख़राब मिले

तरीक़े आदमी के सब बड़े अजीब लगे

ख़ुदा भी चुप से , फ़रिश्ते भी लाजवाब मिले

तमाम ऐब थे उन घूरती निगाहों में

सज़ा में चाँद से चेहरों को हि हिजाब मिले

सज़ा में चाँद से चेहरों को हि हिजाब मिले

मोहब्बत का नशा

मैं जब तक हूं, ये भी किधर जाएगी?
मेरे साथ ही मेरी सारी फ़िक्र जाएगी ।

मेरा मर्ज है मेरे दिल का गुबार

जरा रो लेता हूं, तबीयत सुधर जाएगी ।

शाम का वक्त है, क्यों ना हो मोहब्बत का नशा?

सुबह होने दो यह खुमारी उतर जाएगी ।

जब तेरे आने से जिंदगी बिगड़ी ही नहीं!
तेरे जाने से भला, कैसे संवर जाएगी !

मुझे पता है ,तुम आओगे अपनी मर्जी से
याद करने से उदासी तो ठहर जाएगी ।

बड़े जतन से समेटे हैं , दिल के टुकडे हमने
अब जो ठेस लगी हिम्मत भी बिखर जाएगी ।

दोस्त की मौत पर

तुम जले तो साथ थोड़ा मैं भी जल गया

तुम्हारी चौतिस साल की जिंदगी में
मेरे साथ के छः साल जल गए

तुम्हारी हाजिर जवाबी के साथ
मेरे कई सवाल जल गए

हमारी गुफ्तगू जली, मेरी बात जल गई
तुम्हारे जेहन में मेरी थोड़ी याद जल गई

तुम्हारी चिता की रात , मेरी नींद जल गई
जमाने में दोस्ती की उम्मीद जल गई

मैं झूठ बोलता रहा, सच्चाई जल गई
दुनिया और गलत हो गई ,अच्छाई जल गई

तुम राख हो रहे, सूरज भी ढल गया
तुम जले तो साथ थोड़ा मैं भी जल गया ।

जब कभी सुनो तुम सिसकियों की आवाज,

तो उठो, जाकर देख लो कोई रोता है क्या !

तुमने इरादा किया था ख्याल रखोगे,

महज इरादे से मगर कोई ठीक होता है क्या?

श्रद्धांजलि अटल

दीप्त गगन के आंगन से, टूट गया कोई तारा

तुमको न दिखाई देगा वो ,चाहे ढूंढ जाओ अंबर सारा ।

दिन के प्रकाश में , तुम ही कहो , कब तारे दिखाई देते हैं?

शोरगुल कोलाहल में , कब गीत सुनाई देते हैं ?

यह दिन जो आया है ,पहले ,बड़ी ही लंबी रातें थीं

लील जाएंगी सब को,ऐसी घनघोर बरसातें थी ।

उन रातों में राह दिखाता था ,धर अपने उर में ज्योत प्रबल

वह अडिग था अपने निश्चय में, निर्भय और बेबाक 'अटल' ।

अलग-अलग लोगों ने उसको अलग-अलग सा पहचाना

जिसने जितना समय दिया उसने उसको उतना जाना ।

कुछ उसे चाणक्य समझते थे और कुछ कहते बेचारा

कुछ ने कहा कि शुक्र था वो , कुछ ने कहा उसे ध्रुव तारा

दीप्त गगन के आंगन से टूट गया कोई तारा ।

बदनसीब

मेरे मोहल्ले में रहते हैं कुछ ऐसे लोग

जिनके पास रहने को घर नहीं है।

हर गांव ,गली , बस्ती में मिल जाएंगे तुम्हे

इनका कोई खास शहर नहीं है।

मरने भी न दे और जीना दुश्वार रखे

मुफलिसी जैसा जमाने में जहर नहीं है।

ये चीखते हैं तो भी कोई कुछ उफ़ नहीं करता

लगता है इनकी आवाज में असर नहीं है।

ये भी किससे मदद की उम्मीद रखें?

यहां रेंगते हैं सब, किसी की कमर नहीं है।

हौसले की राह

भटक रहे लोगों को राह बताता है कोई सितारा रात में

मायूस शख्सियतों को, हौसला होता किसी के साथ में।

जो सुनसान सड़क पर भी अकेले ना जा पाते

वे अनजान जंगलों से गुजर जाते किसी के साथ में।

ये सियासत ,ये कायदे, ये व्यवस्था, ये निजाम

उनकी चाहत है कि तुम उलझे रहो बिसात[1] में

तुम्हारी तड़प,तुम्हारी मुफलिसी, तुम्हारी रोटी, तुम्हारा मकान

पूछो ! क्या तवज्जो है ? इनकी हुक्मरानों[2] की निकात[3] में

मैं सोचता रहता था कैसे वक्त पर छोड़ू निशान ?

फिर ख़्याल आया कि बचपन से कलम है हाथ में ।

'शतरंज खेलने के लिए बिछा ख़ानेदार कपड़ा, ²शासन चलाने वाला, ³ सूक्ष्म और गूढ़ बातें

याद की रेखाएं

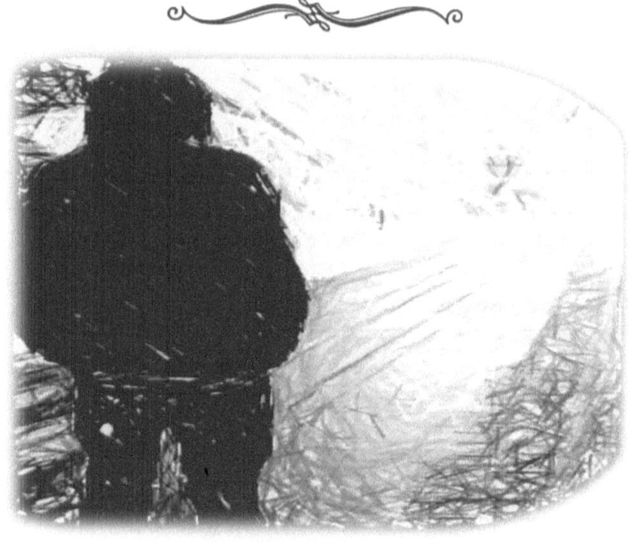

ये रास्ते भी क्या रास्ते हैं ,

ये मंजिलें भी कौन सी मंजिल हैं !

सोचो तो तुमने क्या सोचा था ,

देखो तो तुम्हें क्या हासिल है ?

कई बरस हुए ,मैं उधर गया भी नहीं ,

बड़ी मुद्दत से ,उस को मिला भी नहीं

बदल गई हैं उसकी वफाएं अब तो ,

मगर फिर क्यों वो मुझसे वासिल[1] है ?

न मुलाकात, न त'आरुफ़ [2] ,न इजाजत ,न खबर ऐसा लगता है ,

उसे कोई जरूरत ही नहीं,

बड़े आराम से, बगैर कोशिश के,

वो किस तरह से मेरे ज़ेहन में दाखिल है !

----

[1]जुड़ा हुआ , [2]परिचय

जन्मदिन

जन्मदिन का जश्न मनाते हुए, यह बात ज़ेहन में आई

यह जश्न तो उसका है, जो मुझे दुनिया में लाई

जब मैं पैदा हुआ तो मैं रोया,

ये मेरी मां है जो मुस्कुराई

यह जश्न तो उसका है जो मुझे दुनिया में लाई

दो वक्त पेट भरने की हैसियत थी हमारी

एक पाव दूध घर में आता था ,जो मैं पीता था

उसने हमेशा सूखी रोटी चबाई

यह जश्न तो उसका है जो मुझे दुनिया में लाई

जमाने में मुफ्त कुछ नहीं मिलता

हर इक शय की कीमत अदा होती है

मेरे किताबों की कीमत जिसके गहनों ने चुकाई

यह जश्न तो उसका है जो मुझे दुनिया में लाई।

ठोकरों से ही सीखता है इंसान

और वादे का दूसरा नाम ही धोखा है।

इस फरेब भरी दुनिया में सच्ची थी, जिसकी आशनाई[1]

यह जश्न तो उसका है जो मुझे दुनिया में लाई।

----

[1]प्रेम

बेकरारी

मैं जिससे प्यार करता हूं, क्या उस को भी खबर होगी !

इधर जो बेकरारी है ,क्या इतनी ही उधर होगी !

सुबह से शाम तक चेहरा तेरा, मेरी नजर में है

ये सोचूं रात आते ही ,न जाने कब सहर होगी ।

नहीं! आसान नहीं होगा ,मुझे इनकार कर देना

बड़ी उलझन मे, वो खुद भी, जागी रात भर होगी ।

यहां कुछ लोग पागल हैं और कुछ हैं दीवाने भी

खुदा जाने मोहब्बत में ,मेरी कैसी डगर होगी ?

मोहब्बत की शर्त

हमारी मोहब्बत के दरमियां चांद-तारे न लाए जाएं
वादे वही किए जाएं ,जो वादे निभाए जाएं ।

अपनी खुशी, ना- खुशी तुम अभी कह दो ,
ऐसा ना हो हम बाद में सताए जाएं ।

खुली किताब की तरह हो रिश्ता अपना
छुपी हुई शर्तें और नियम न बाद में बताए जाएं ।

ये युग राम और सीता का नहीं है, कलयुग है
परीक्षा हो तुम्हारी, तो हम भी आजमाए जाएं ।

ये अजी , ओ जी , सुनो जी, क्या है ?
अच्छा सा नाम है हमारा ! हम अपने नाम से बुलाए जाएं ।

घर

मैं निकला हूं

एक झोपड़े से ,

उस घर से, जिसकी दहलीज़ तक,

गाड़ियां पहुंच न पाती थी ।

नॉब घूमाने से

पानी नहीं आता था,

हैंडपंप को झटके मार

मां पानी पिलाती थी ।

बेडटाइम स्टोरी

कभी पूरी नहीं होती थी

थकी हुई मां, कुछ शब्द

बड़बड़ाते हुए सो जाती थी ।

सीमेंट के बोरे

स्कूल बैग का काम करते थे

बारिश से किताबें बचाते थे

जब कमीज़ें भीग जाती थी ।

स्वाद था उस खीर में

एक लीटर दूध में

दो पाव चावल से

जो मां बनाती थी ।

वह चिड़िया,

मजे में रहती थी

जिसे हम भगाते नहीं थे

जो हमें चहकना सिखाती थी

उस घर को छोड़ना

अंडे से निकलना ही तो है

दो शाम की भूख के लिए

दर दर भटकना ही तो है ।

प्यासा

तेरे रूप का प्रेमी नहीं प्रिये ! तेरी प्रेम सुधा का प्यासा हूं।
तेरे रूप का प्रेमी नहीं प्रिये ! तेरी प्रेम सुधा का प्यासा हूं।

इस दिल में हलचल होती है ,
जब नज़रें तुझ पर पड़ती हैं।
चाहे कर आई हो विश्व भ्रमण
पर आकर तुझ पर ठहरती हैं।

उस ठौर जहां तू खड़ी रहे
हर छटा निराली होती है।
तेरे होठों को छू कर ही
मदिरा मतवाली होती है।

इन लबों को जो छू भी न सका, उस बूंद की मैं अभिलाषा हूं।
तेरे रूप का प्रेमी नहीं प्रिये ! तेरी प्रेम सुधा का प्यासा हूं।

तू भी और तेरे आशिक भी

बस एक अगन में जलते हैं।

इस नन्हे से नाजुक दिल में

क्यों सपने अनगिन पलते हैं।

मैं सीप निरर्थक सागर का

तू उसमें पलता मोती है।

मैं एक पतंगा मदमाता

तू बल खाती एक ज्योति है।

जो मेरे अंदर पलती है जो तेरे भीतर जलती है मैं वो प्रेम पिपाशा हूं।

तेरे रूप का प्रेमी नहीं प्रिये ! तेरी प्रेम सुधा का प्यासा हूं।

साथ

सांसों से सांसों का बंधन

दिल से दिल की डोर,

ले चल अपने साथ पिया,

अब चाहे तू जिस ओर।

दिन बदला, दिन के संग बदली

जीवन की तकदीर

अब इन पैरों में गति है

कल तक थी जंजीर।

दूर क्षितिज पर देखा पिया

अब होने को है भोर

ले चल अपने साथ पिया

अब चाहे तू जिस ओर।

कैसे कहूं? इस जीवन में

खाई है कितनी ठेस?

कुछ स्मृतियां धुल सी गई हैं,

कुछ हैं अब भी शेष।

इन यादों से दूर पिया

अब अपना होगा ठौर ,

ले चल अपने साथ पिया

अब चाहे तू जिस ओर।

नव-जीवन नव विहान

का होगा नव प्रकाश,

हम- तुम दोनों मिल बाटेंगे

जीवन का उल्लास।

उर को आनंदित करता होगा

खग- कलरव का शोर ,

ले चल अपने साथ पिया

अब चाहे तू जिस ओर।

भगवान की हार

ईश्वर ने जब थी सृष्टि रचाई

सोचा ,भरूंगा इसमें प्यार

मनुष्यों को मैं ज्ञान दूंगा

वे देंगे, सबको दुलार ।

ज्ञान मिल गया मानव को

शक्ति हो गई अपरम्पार,

प्रेम की भाषा न रच सका

बना लिए हथियार ।

पृथ्वी भी त्राहिमाम कर उठी,

धरा पर हुए इतने अत्याचार,

फिर धरती की रक्षा हेतु

ईश ने लिया अवतार ।

एक नहीं , अवतार धरा पर

आए कितनी बार !

फिर भी, बात जब ना बनी

भगवान भी गए हार ।

कहा "मनुज के रहते ,

दिखते ठीक नहीं आसार

मैंने दिए निर्माण के साधन

इंसान करें संहार" ।

इंसानियत और झगड़े

हो इंसान, तो इंसानों से इंसान सा व्यवहार करो
मजहब नहीं ,जाति नहीं, इंसानियत से प्यार करो ।

हो रक्त से जो रंजित ,

वह घर नहीं है राम का !

नींव जिसकी लाश पर हो ,

मस्जिद वो है किस काम का ?

धर्म के लिए युद्ध हो ,

लिखा है किस पुराण में ?

सीख ऐसी है असंभव ,

गुरु ग्रंथ में ,कुरान में ।

हिंदुत्व के, इस्लाम के,

हर धर्म के बंधन तोड़ दो ,

मानवता की जो हो बेड़ियां ,

हर प्रथा वो पीछे छोड़ दो ,

मानवता बड़ी है हर धर्म से, इस बात पर ऐतबार करो ।

हो इंसान तो इंसानो से इंसान सा व्यवहार करो ।

जीवन का सत्य

दुनिया की इस जगह चकाचौंध में क्यों इस कदर तू दीवाना है?

जग में रहना तो छलावा है बस , अटल सत्य तो "जाना है" ।

स्वार्थों की इस संकीर्ण सीमा में,

तू रह जाएगा यूं ही पिसता ,

जीवन की मजबूत शिला भी होगी छोटी,

यदि रहा इसको घिसता ,

जीवन तो बंधा हुआ है, बस मृत्यु ही मनमाना है ।

अटल सत्य तो "जाना है" ।

हो व्यंग्य बाण या मधुर गीत ,

शत्रुता हो या हो प्रीत,

कर घमंड या बन जा विनीत ,

क्षण भर की भावनाएं हैं इनसे क्या मिल पाना है ?

अटल सत्य तो "जाना है" ।

मां-बाप ,भाई-बहन ,

सब झूठ हैं ये रिश्ते नाते,

महाकाल की माया हैं ,

पर बड़े हैं मन को ये भाते ,

सच पूछ तो हे बंधु !सारा जग तुमसे बेगाना है ।

अटल सत्य तो "जाना है" ।

जीवन की इस छांव को देख

तू क्यों मुग्ध होता है ?

याद रहे हर मानव

अपने अंतकाल को रोता है ,

मृत्यु से बचने का हर तर्क बस अपने मन को बहलाना है ।

अटल सत्य तो "जाना है" ।

हरेक बात से दूसरी बात जुड़ी होती है

दिन के साए से ज्यूँ रात जुड़ी होती है

गजब की धूप है अबकी बारिश भी खूब होगी

धूप की गर्मी से बरसात जुड़ी होती है

परखना है आदमी को, इसमें मुश्किल क्या है

जुबां से लहजे से औकात जुड़ी होती है

बात अकेली कोई याद आती है भला कब

याद से यादों की बारात जुड़ी होती है

उस से अब राब्ता तो इतना सा है 'सौरभ'

उसकी जीत से मेरी मात जुड़ी होती है

।

तुम्हें असल और ख़्वाब का फर्क ही नहीं पता कि तुम खोए हुए थे

कैसे गुजारी हैं हमने आंखों में रातें , तुम्हें क्या खबर ! तुम सोए हुए थे